AF189306

Impressum
Verlag: BABADADA GmbH, Nedderfeld 112 , 22529 Hamburg
Geschäftsführer / Verlagsleitung: Harald Hof
Druck: Books on Demand GmbH, In de Tarpen 42, 22848 Norderstedt

Imprint
Publisher: BABADADA GmbH, Nedderfeld 112 , 22529 Hamburg, Germany
Managing Director / Publishing direction: Harald Hof
Print: Books on Demand GmbH, In de Tarpen 42, 22848 Norderstedt, Germany

məktəb
baba

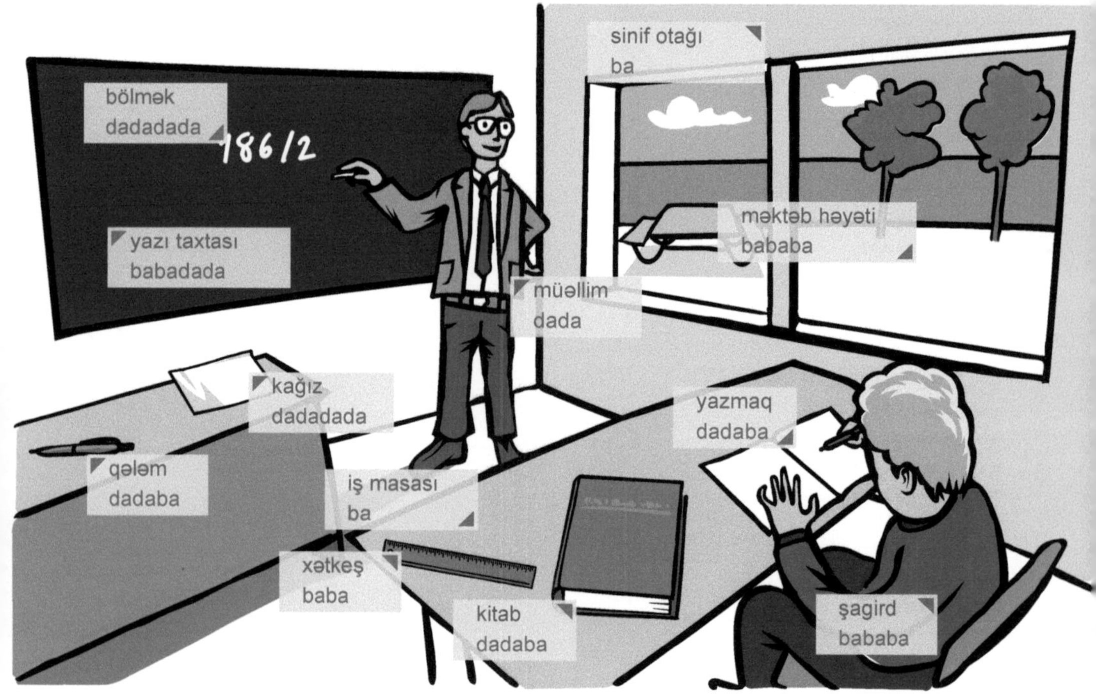
sinif otağı
ba
bölmək
dadadada
186/2
yazı taxtası
babadada
məktəb həyəti
bababa
müəllim
dada
kağız
dadadada
yazmaq
dadaba
qələm
dadaba
iş masası
ba
xətkeş
baba
kitab
dadaba
şagird
bababa

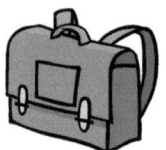

məktəbli çantası

dadaba

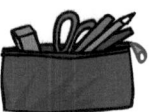

karandaş qabı

dada

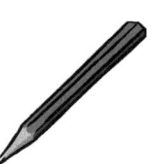

karandaş

bababa

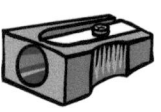

karandaş yonan

dadaba

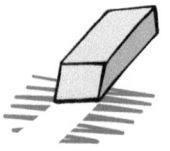

pozan

baba

rəsm albomu

ba

rəsm

bababa

boya fırçası

ba

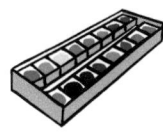

boya qutusu

dada

qayçı

babadada

yapışdırıcı

dadaba

dəftər

dadadada

ev tapşırığı

babadada

say

bababa

əlavə etmək

dadaba

çıxmaq

bababa

vurmaq

badada

hesablamaq

dadababa

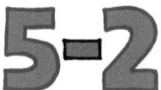

hərf

babababa

əlifba

babababa

söz

dada

mətn
....
babadada

oxumaq
....
dadadada

tabaşir
....
dada

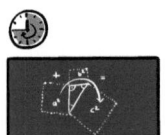

dərs
....
babababa

sinif jurnalı
....
ba

imtahan
....
baba

təhsil haqqında sənəd
....
babababa

məktəb uniforması
....
babadada

təhsil
....
babababa

ensiklopediya
....
dadababa

universitet
....
babababa

mikroskop
....
dadababa

xəritə
....
bababa

zibil qutusu
....
babadada

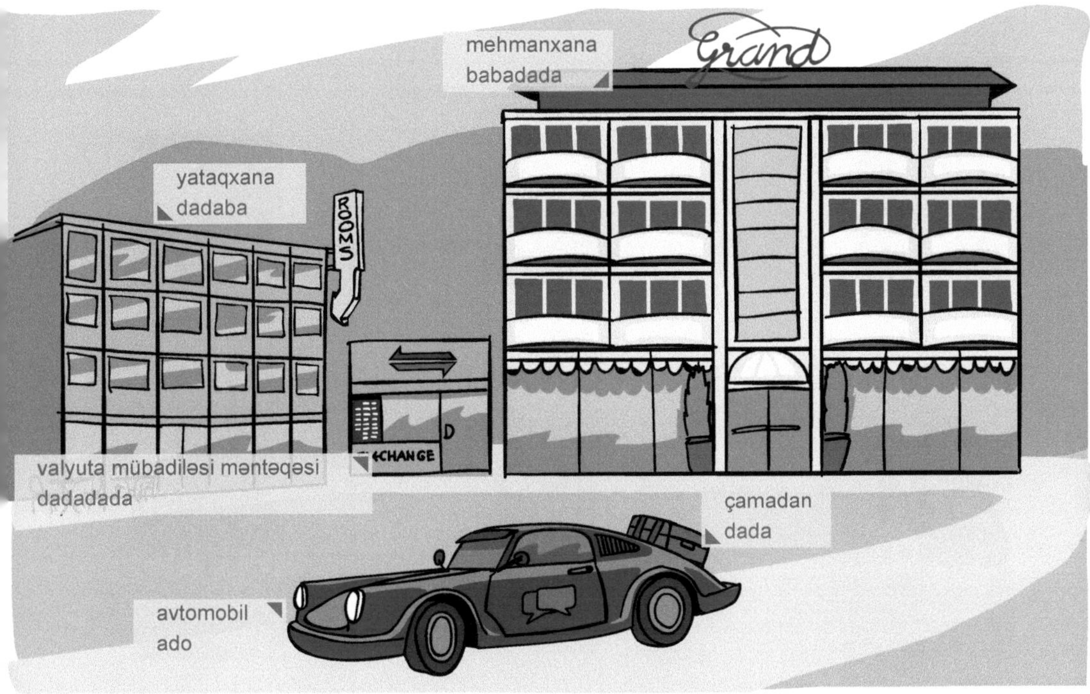

mehmanxana
babadada
Grand
yataqxana
dadaba
ROOMS
EXCHANGE
valyuta mübadiləsi məntəqəsi
dadadada
çamadan
dada
avtomobil
ado

dil
dadadada

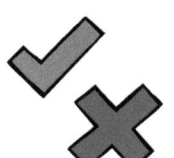

bəli/xeyr
da / meh

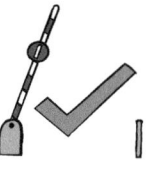

oldu
Oh

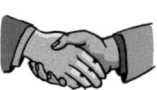

salam
ba

tərcüməçi
dada

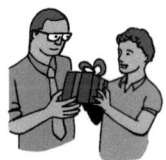

Təşəkkür edirəm
dada

giyməti nə qədərdir ...?
bababab

mən başa düşmürəm
ah

problem
dadaba

Axşamınız xeyir!
ba dada

Sabahınız xeyir!
babadada

Gecəniz xeyrə galsin!
heia!

hələlik
dadaba

istiqamət
badada

baqaj
dada

torba
bababab

kürək çantası
bababab

qonaq
baba

otaq
dadadada

yataq-çuval
dadadada

çadır
dada

turistlər üçün məlumat
....
dadadada

çimərlik
....
badada

kredit kartı
....
babadada

səhər yeməyi
....
dadababa

günorta yeməyi
....
baba

nahar yeməyi
....
bababa

bilet
....
dada

lift
....
dada

poçt markası
....
babadada

sərhəd
....
badada

gömrük
....
dadaba

səfirlik
....
babadada

viza
....
dadaba

pasport
....
dada da da da

səyahət - baba

nəqliyyat
dadadada

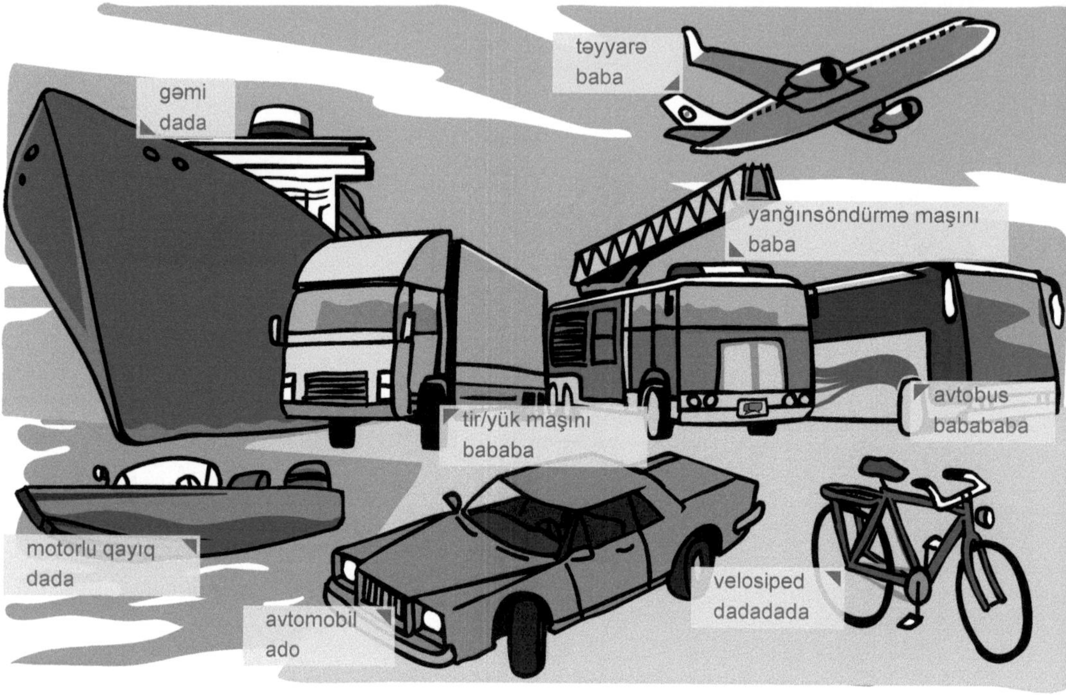

təyyarə
baba
gəmi
dada
yanğınsöndürmə maşını
baba
avtobus
babababa
tir/yük maşını
bababa
motorlu qayıq
dada
velosiped
dadadada
avtomobil
ado

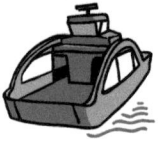

bərə
babadada

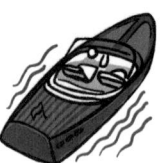

qayıq
baba

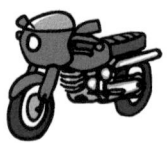

motosiklet
bababa

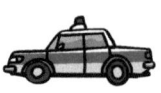

polis avtomobili
ado

yarış avtomobili
ado

icarə avtomobili
auto

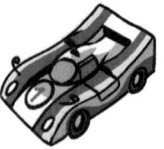

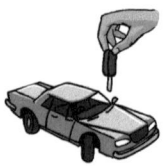

avtomobil icarəsi

dada

texniki yardım maşını

ado

zibil maşını

ado

mühərrik

brumbrum!

yanacaq

bababa

benzin doldurma məntəqəsi

dada

yol nişanı

dadaba

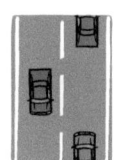

yol hərəkəti

badada

tıxac

ado ado

avtomobil dayanacağı

babadada

dəmir yolu stansiyası

babababa

dəmiryol

dada

qatar

dadaba

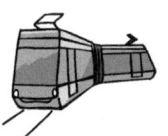

tramvay

baba

vaqon

dadaba

helikopter

baba

hava limanı

baba

qüllə

dadaba

sərnişin

baba

konteyner

badada

karton qutu

dada

əl arabası

baba

səbət

dadadada

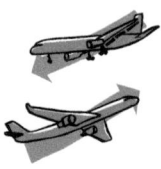

qalxmaq / enmək

da / bada

şəhər
dadaba

kənd

bababa

şəhər mərkəzi

dadababa

ev

dadaba

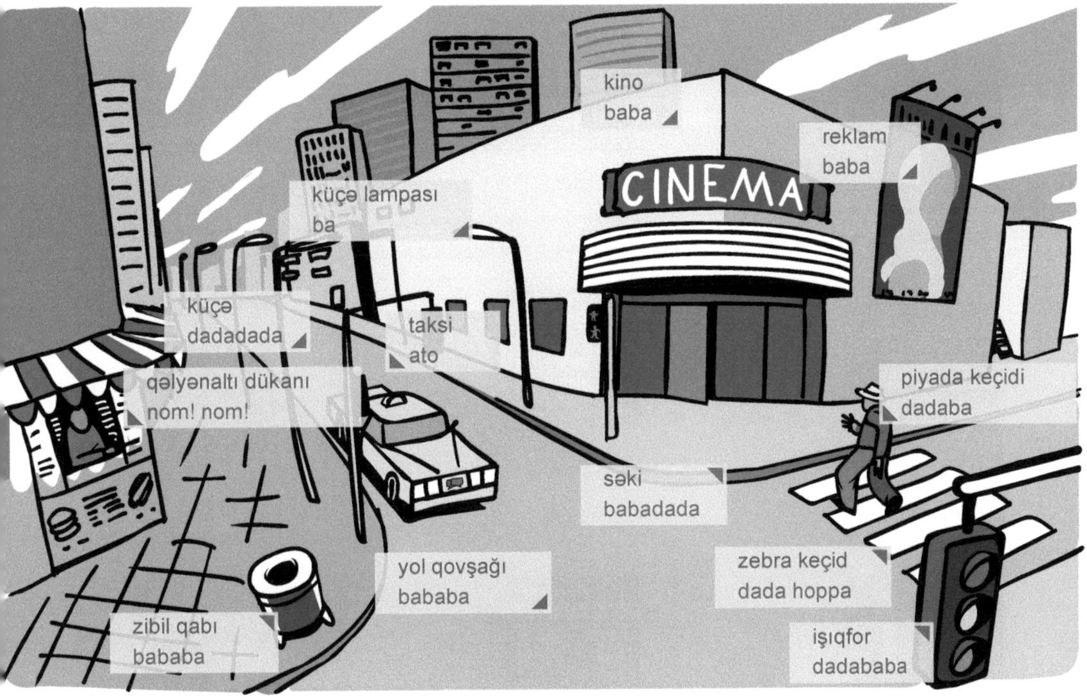

kino
baba
reklam
baba
CINEMA
küçə lampası
ba
küçə
dadadada
taksi
ato
qəlyənaltı dükanı
nom! nom!
piyada keçidi
dadaba
səki
babadada
yol qovşağı
bababa
zebra keçid
dada hoppa
zibil qabı
bababa
işıqfor
dadababa

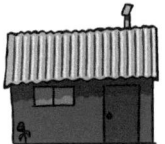

daxma

babadada

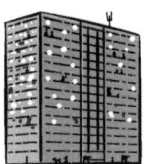

mənzil

dadadada

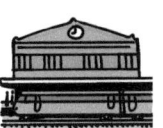

dəmir yolu stansiyası

babababa

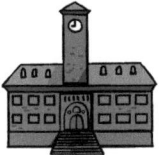

bələdiyyə binası

dadaba

MUSEUM

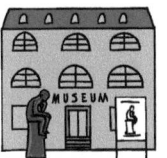

muzey

bababa

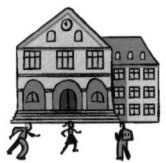

məktəb

baba

universitet

babababa

bank

dadadada

xəstəxana

aua!

mehmanxana

babadada

aptek

aua!

ofis

baba

kitab dükkanı

bababa

dükan

ba

çiçək dükanı

dadaba

supermarket

dada nom nom

bazar

dadadada

univermaq

dadadada

balıq satıcısı

nom! nom!

ticarət mərkəzi

baba

liman

ba

park

dadadada

oturacaq

baba

körpü

babababa

pilləkən

dadadada

metro

bababa

tunel

baba

avtobus dayanacağı

ba

bar

babababa

restoran

nom nom!

poçt qutusu

dadaba

küçə nişanı

dada

parkinq sayğacı

baba

zoopark

bababa

üzgüçülük hovuzu

dada

məscid

baba

ferma
....
dadaba

ətraf mühitin çirklənməsi
....
dadababa

məzarlıq
....
bababa

kilsə
....
ba

oyun meydançası
....
dadababa

məbəd
....
bababa

mənzərə
dada

yarpaq
baba

yol nişanı
baba

yol
dada

çəmən
bababa

daş
baba

piyada səyyah
dada

ağac
dadababa

çay
bababa

ot
dada

gül
mama!

vadi

badada

təpə

bababa

göl

dadadada

meşə

dadadada

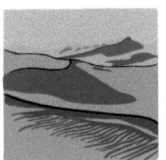

səhra

dadababa

vulkan

dadaba

qəsr

babababa

göy qurşağı

dadaba

göbələk

bababa

palma

dadababa

ağcaqanad

aua!

milçək

badada

qarışqa

dadababa

arı

summ summ

hörümçək

dada

mənzərə - dada

böcək
dadaba

qurbağa
quak

dələ
dadababa

kirpi
dadaba

dovşan
baba

bayquş
gackgack

quş
gackgack

qu quşu
gackgack

qaban
babadada

maral
dadadada

sığın
dadadada

su bəndi
dadadada

külək turbini
ba

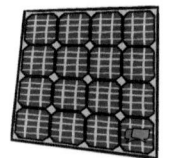

günəş batareyası
dadadada

iqlim
bababa

16   mənzərə - dada

ofisiant
dadadada

menyu
baba

kreslo
dadaba

şorba
nom! nom!

pizza
nom nom!

bıçaq, çəngəl, qaşıq
ba

süfrə
babababa

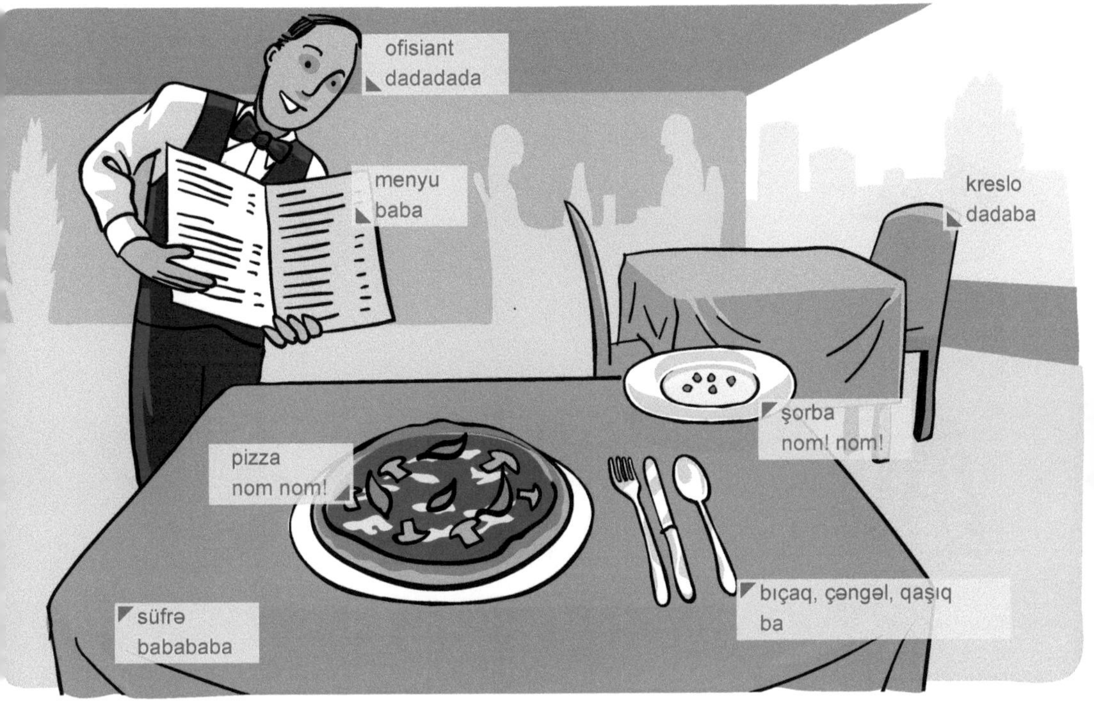

məzə
....
nom! nom!

əsas yemək
....
nom! nom!

desert
....
nom nom!

içkilər
....
dadababa

yemək
....
nom nom!

şüşə
....
nom nom!

fast food

nom! nom!

küçə yeməkləri

nom! nom!

çaynik

babababa

qəndqabı

nom! nom!

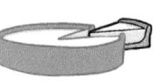

pay

nom nom!

espresso maşını

dadaba

hündür uşaq kreslosu

bababa

faktura

ba

nimçə

bababa

bıçaq

ba

çəngəl

babadada

qaşıq

dadaba

çay qaşığı

bababa

salfet

dadaba

şüşə

ba

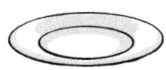

boşqab

nom nom!

şorba boşqabı

bababa

nəlbəki

bababa

sous

nom! nom!

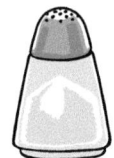

duz qabı

dadadada

biberüyüdən

dadaba

sirkə

bähbäh

duru yağ

dadababa

ədviyyat

dadababa

ketçup

nom! nom!

xardal

nom! nom!

mayonez

nom nom!

supermarket

dada nom nom

xüsusi təklif
dadababa
FOR
müştəri
dadaba
süd məhsulları
dadaba
meyvə
nom nom!
alış-veriş arabası
baba

BUTCHERS

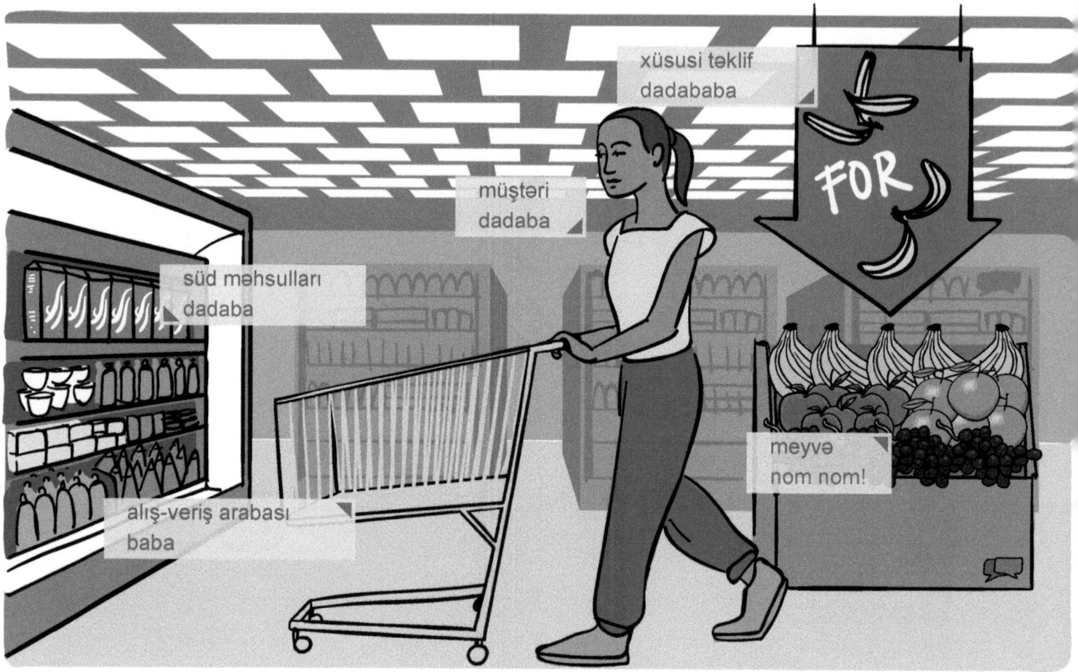

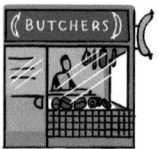

qəssab dükanı

dadaba

BAKERY

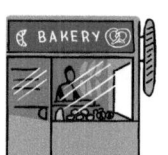

çörəkçi

nom! nom!

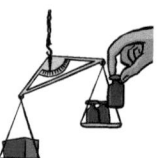

çəkmək

bababa

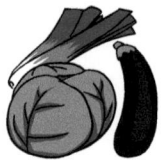

tərəvəz

bähbäh

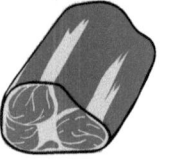

ət

nom nom!

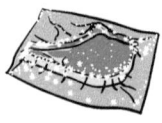

dondurulmuş qida

nomnom

soyuq ət yeməyi

nom nom!

konservləşdirilmiş qida

nomnom

yuyucu toz

bababa

şirniyyat

baba

təsərrüfat malları

dadaba

yuyucu vasitələr

dadababa

satıcı

bababa

kassa

bababa

kassir

dadaba

alış-veriş siyahısı

dada

iş saatları

dadababa

pul kisəsi

baba

kredit kartı

babadada

torba

dadababa

plastik torba

dadababa

su
wasa

şirə
dadadada

süd
badada

cola
ba

şərab
bababa

pivə
dadadada

alkoqollu içkilər
dadaba

kakao
bababa

çay
dadababa

qəhvə
dada

espresso
dadaba

kapuçino
dadababa

banan

nane

alma

nom nom!

portağal

bababa

yemiş

nom nom!

limon

nom nom!

yerkökü

bähbäh

sarımsaq

bada meh

bambuq

dadaba

soğan

dadaba

göbələk

nom nom!

qoz-fındıq

nom nom!

əriştə

nom nom!

spagetti

nom nom!

düyü

nom nom!

salat

nom nom!

cips

nom nom!

qızardılmış kartof

nom nom!

pizza

nom nom!

hamburger

nom nom!

sandviç

nom nom!

eskalop

nom nom!

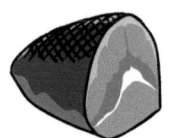

hisə verilmiş donuz əti

nom nom!

salyami

nom nom!

kolbasa

nom nom!

toyuq

gack gack

qızardılmış ət tikəsi

nom nom!

balıq

nom nom!

yemək - nom nom!

yulaf yarması
nom nom!

müsli
bähbäh

partlaq qarğıdalı
nom nom!

un
nom nom!

kruassan
nom nom!

bulka
babadada

çörək
nom! nom!

tost
nom nom!

peçenye
nom nom!

kərə yağı
nom nom!

kəsmik
nom nom!

tort
nom nom

yumurta
dadaba

qayğanaq
nom nom!

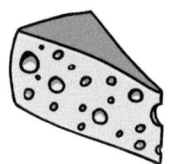

pendir
bada muh

yemək - nom nom!

dondurma

nom nom!

şəkər

nom nom!

bal

baba summ

mürəbbə

nom nom!

şokolad pastası

nom nom!

köri

babadada

ferma
dadaba

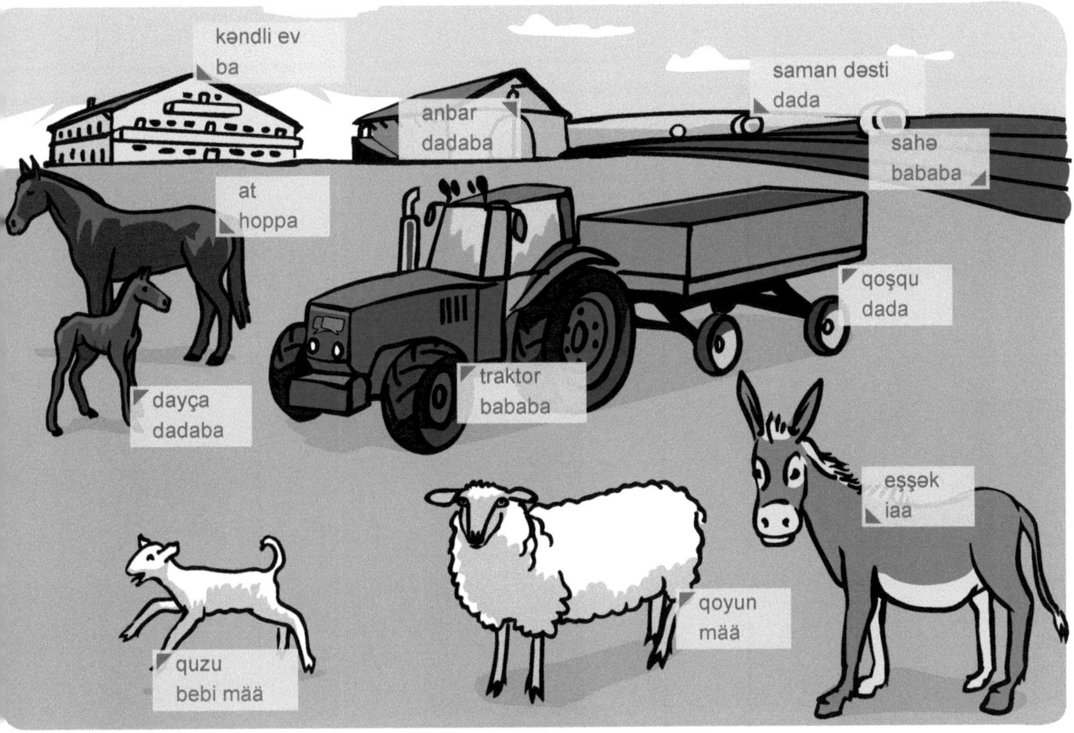
kəndli ev
ba
anbar
dadaba
saman dəsti
dada
sahə
bababa
at
hoppa
qoşqu
dada
traktor
bababa
dayça
dadaba
eşşək
iaa
qoyun
mää
quzu
bebi mää

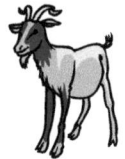

keçi

baba

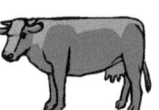

inək

muh

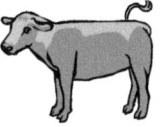

dana

mimuh

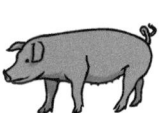

donuz

mama oink

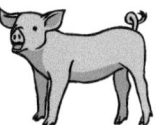

donuz balası

oink

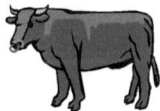

öküz

dadadada

qaz

gackgack

ördək

gackquack

cücə

gacki

toyuq

gackgack

xoruz

gacko

siçovul

dada

pişik

mau

siçan

bababa

öküz

muh

it

wauwau

itdamı

wauwau

bağ şlanqı

baba

susəpən

dadababa

dəryaz

baba

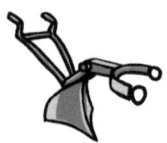

kotan

dadababa

oraq
baba

kətman
dadadada

yaba
dada

balta
bababa

əl arabası
babababa

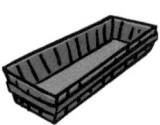

çalov
baba

süd bidonu
dada muh

çuval
dadababa

çəpər
badada

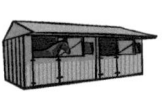

tövlə
dadadada

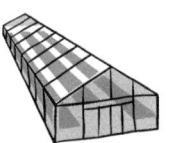

istixana
ba

torpaq
babadada

toxum
baba

gübrə
baba

taxılbiçən kombayn
dadababa

məhsul yığmaq

bababa

məhsul yığımı

dadadada

yam

dadaba

buğda

dadababa

soya

dadababa

kartof

bababa

dən

badada

raps

bababa

meyvə ağacı

bababa

maniok

dadadada

yarma

dadababa

ev
dadaba

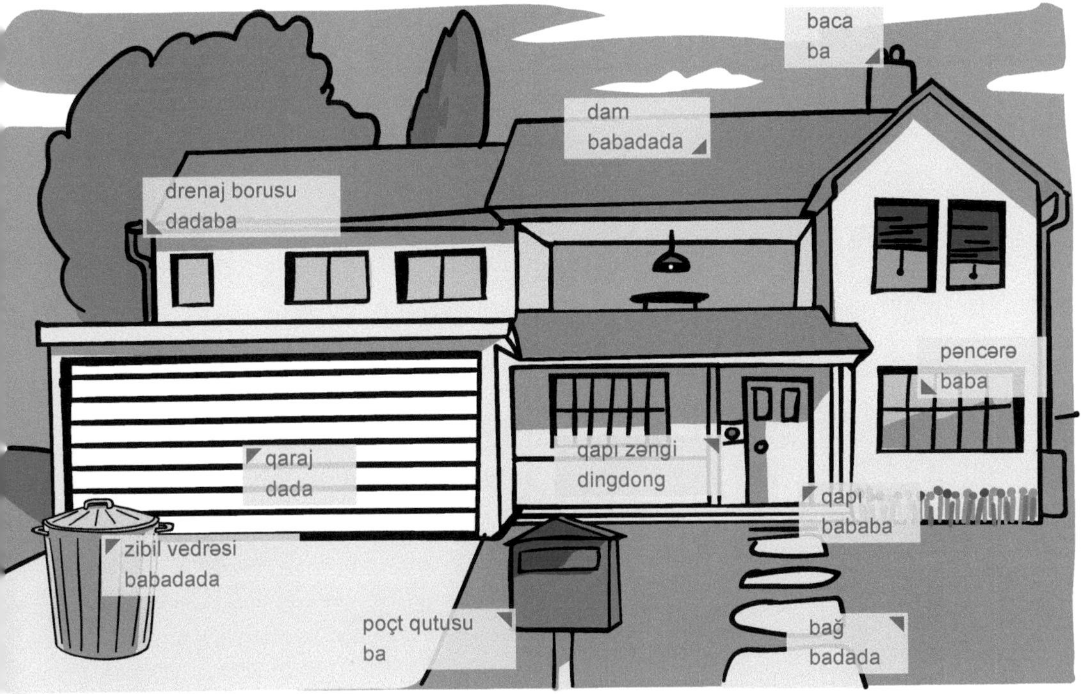
baca
ba
dam
babadada
drenaj borusu
dadaba
pəncərə
baba
qaraj
dada
qapı zəngi
dingdong
qapı
bababa
zibil vedrəsi
babadada
poçt qutusu
ba
bağ
badada

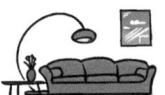

qonaq otağı
....
dadadada

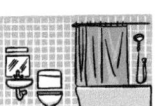

hamam otağı
....
bababa

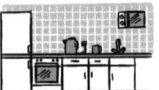

mətbəx
....
bababa

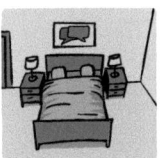

yataq otağı
....
dadababa

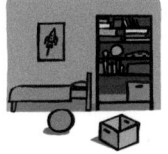

uşaq otaqı
....
meina

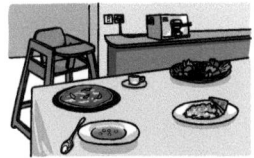

yemək otağı
....
dadaba

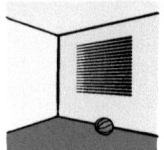

döşəmə
badada

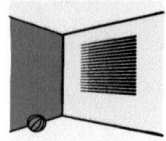

divar
dadababa

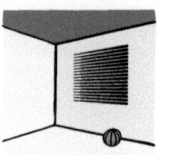

tavan
bababa

zirzəmi
dada

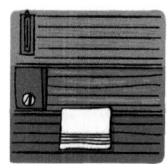

sauna
dadababa

balkon
babababa

terras
dadadada

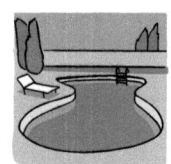

üzgüçülük hovuzu
bababa

otbiçən maşın
baba

mələfə
dadaba

yataq örtüyü
babadada

yataq
heia!

süpürgə
dada

vedrə
dadaba

elektrik açarı
dadababa

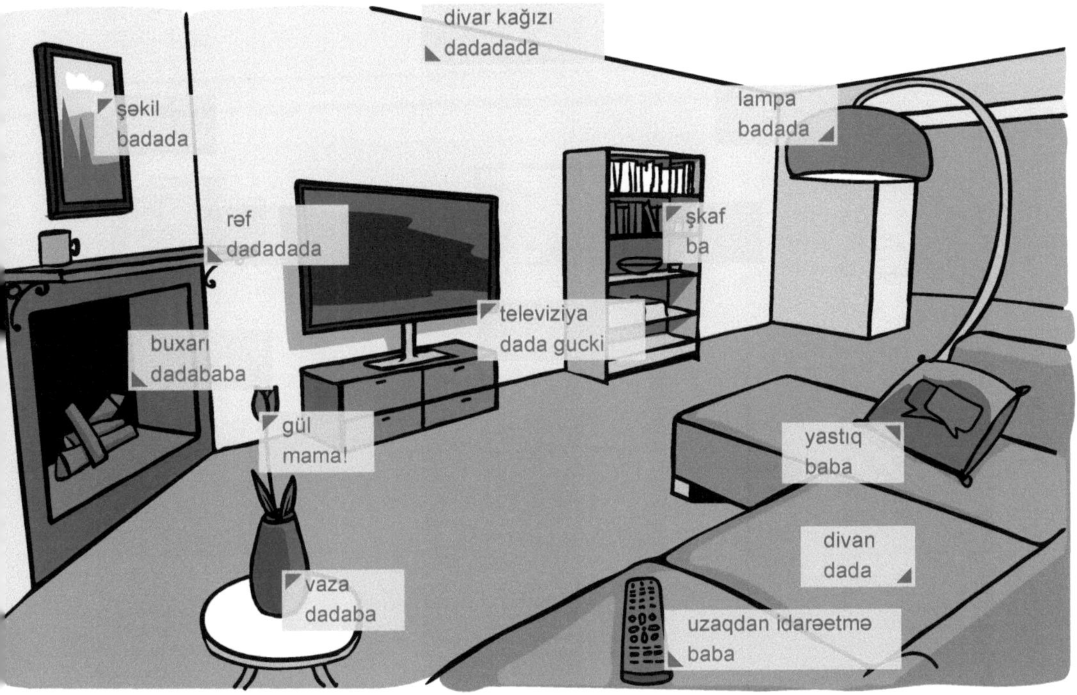

divar kağızı
dadadada

şəkil
badada

lampa
badada

rəf
dadadada

şkaf
ba

buxarı
dadababa

televiziya
dada gucki

gül
mama!

yastıq
baba

divan
dada

vaza
dadaba

uzaqdan idarəetmə
baba

xalça
dada

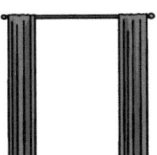

pərdə
bababa

masa
ba

kreslo
dadaba

yırğalanan stul
dadadada

kreslo
bababa

kitab
dadaba

yorğan
dadadada

bəzək
dadaba

odun
ba

film
dadadada

stereo səs sistemi
lala

açar
babadada

qəzet
dadadada

rəsm əsəri
dadadada

plakat
bababa

radio
lala

bloknot
dadababa

tozsoran
babadada

kaktus
aua!

şam
babadada

mətbəx
bababa

soyuducu
bababa
mikrodalğalı soba
ba
mətbəx tərəzisi
ba
tost maşını
badada
yuyucu vasitələr
dadadada
soba
baba
dondurucu kamera
baba
zibil vedrəsi
babadada
qabyuyan maşın
bababa

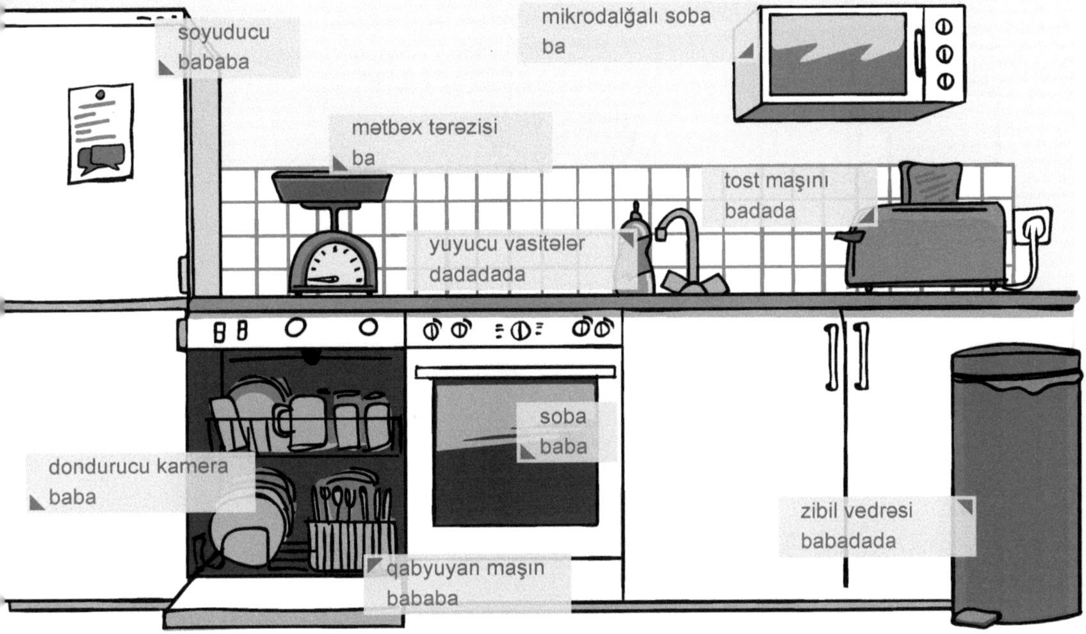

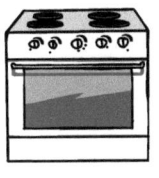

soba
dada

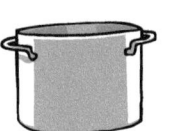

qazan
dada

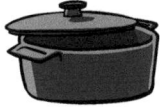

çuqun qazan
dada

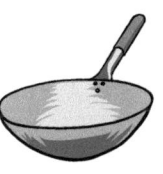

vok / kadai
baba / dada

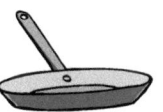

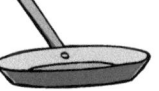

tava
badada

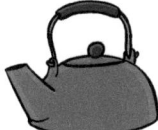

çaydan
ba

buxar qazanı

dadababa

sac

bababa

qab

dadaba

fincan

dadadada

ləyən

dadaba

yemək üçün çubuqlar

baba

çömçə

dadaba

spatula

dadadada

çırpıcı

badada

süzgəc

dada

ələk

bababa

sürtgəc

baba

həvəngdəstə

dadababa

barbekyu

dada

ocaq

aua!

doğrama taxtası

dadababa

oxlov

babababa

probkaçıxaran

dadababa

banka

dadadada

bankaağzıaçan

bababa

qabtutan

dadababa

əl üz yuyan

dadadada

fırça

dadababa

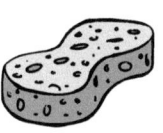

süngər

ba

blender

aua!

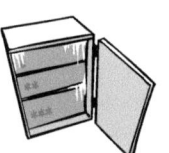

dondurucu

babadada

körpə şüşəsi

bababa

kran

dadadada

hamam otağı
bababa

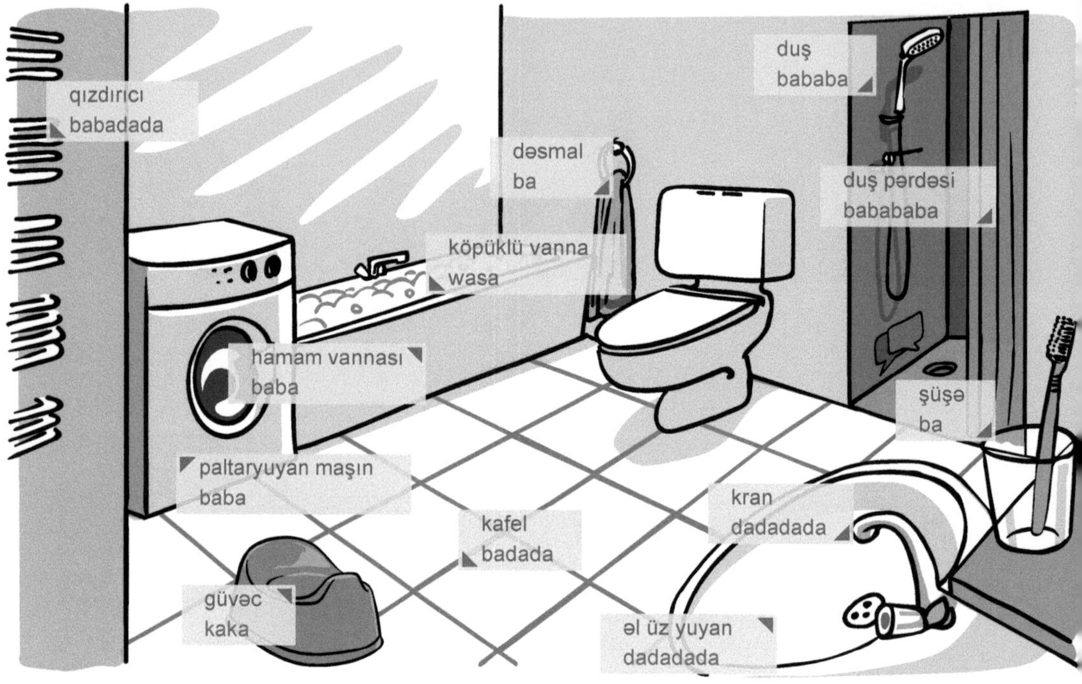

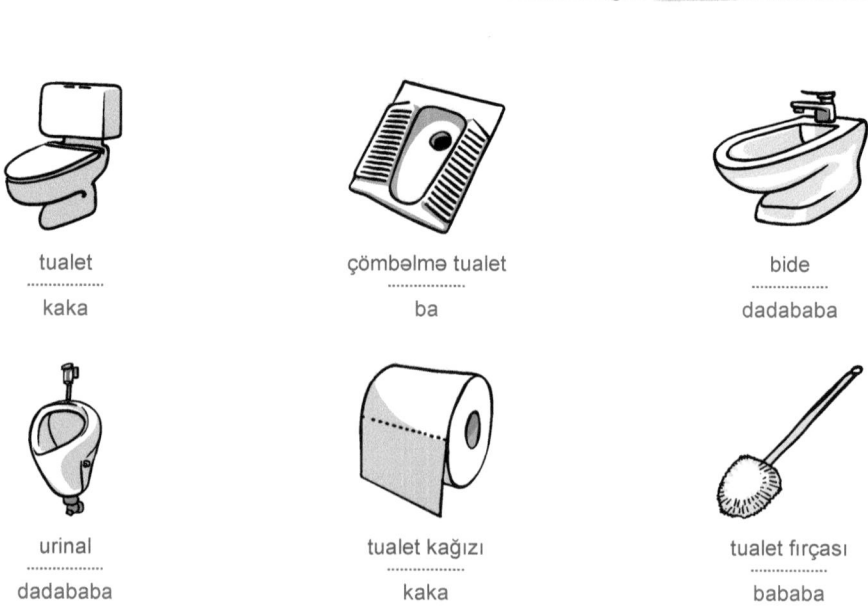

qızdırıcı
babadada
duş
bababa
dəsmal
ba
duş pərdəsi
babababa
köpüklü vanna
wasa
hamam vannası
baba
şüşə
ba
paltaryuyan maşın
baba
kran
dadadada
kafel
badada
güvəc
kaka
əl üz yuyan
dadadada

tualet

kaka

çömbəlmə tualet

ba

bide

dadababa

urinal

dadababa

tualet kağızı

kaka

tualet fırçası

bababa

diş fırçası

babab a

diş pastası

nom! nom!

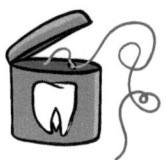

diş ipi

dadadada

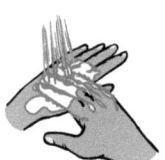

yumaq

bababa

əl duşu

babababa

intim duş

dadadada

taz

badada

bel fırçası

dadadada

sabun

nom! nom!

duş üçün gel

nom! nom!

şampun

nom! nom!

əsgi

babadada

drenaj

dadaba

krem

nom! nom!

dezodorant

babababa

güzgü

dadadada

əl güzgüsü

dadadada

ülgüc

ba

üz qırxmaq üçün köpük

nom! nom!

təraşdan sonra su

nam! nam!

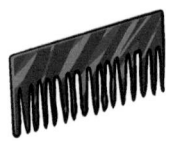

daraq

dadababa

fırça

baba

fen

dadadada

saç spreyi

badada

makiyaj

dadaba

dodaq boyası

mama!

dırnaq lakı

ba

pambıq

bababa

dırnaq qayçısı

dadadada

ətir

bababa

gigiyenik torba
dadadada

kətil
bababa

tərəzi
dadadada

hamam xalatı
ba

rezin əlcək
babababa

tampon
ba

gigiyenik salfet
bababa

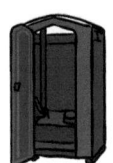

kimyəvi tualet
baba

uşaq otaqı
meina

zəngli saat
bababa
yumşaq oyuncaq
bababa
oyuncaq avtomobil
auto
cingilti
dadadada
kukla evciyi
bababa
hədiyyə
babababa

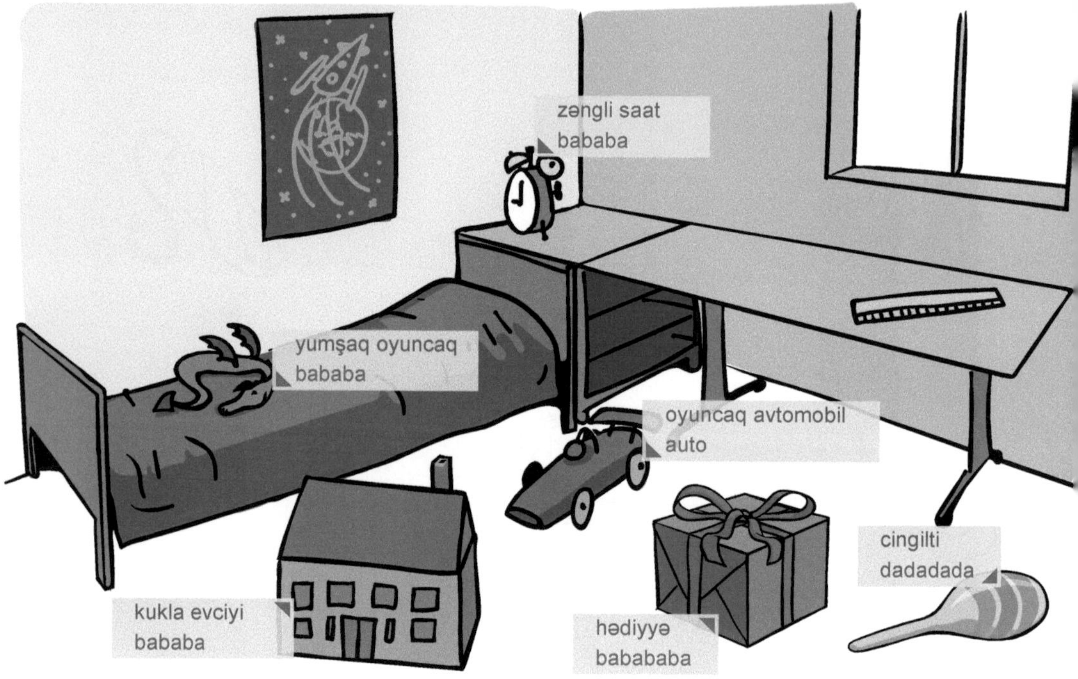

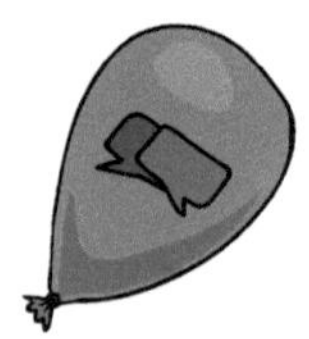

balon

dadadada

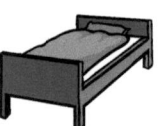

yataq

heia!

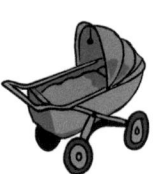

uşaq arabası

dadaba

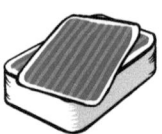

kart dəsti

dadababa

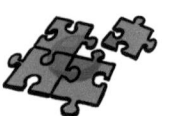

elektrik mişarı

bababa

komik

dadababa

leqo kərpici
....
badada

konstruktor blokları
....
badada

oyuncaq-personaj
....
dada

yeni doğulmuş körpələr
üçün geyimi
....
dadadada

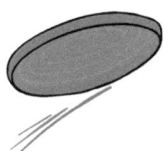

frisbi
....
dadaba

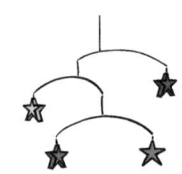

yataq üstünə asılan körpə
oyuncağı
....
dadaba

masaüstü oyun
....
ba

zər
....
baba

oyuncaq qatar
....
dadababa

emzik
....
lula

qonaqlıq
....
baba

rəsmli kitab
....
dadaba

top
....
dada

kukla
....
dada

oynamaq
....
badada

qum qutusu
dadaba

yellǝncǝk
bababab

oyuncaqlar
dadababa

video oyun konsolu
dadaba

üç tǝkǝrli velosiped
babadada

plüşdǝn hazırlanmış
oyuncaq ayı
dadababa

şkaf
dadaba

corab
dadadada

corab
ba

kalqotka
dada

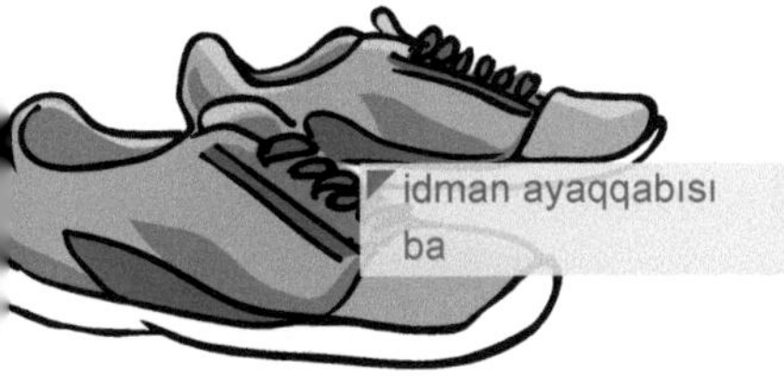

kaşne
bababa

kəmər
dadababa

çətir
bababa

t-shirt
badada

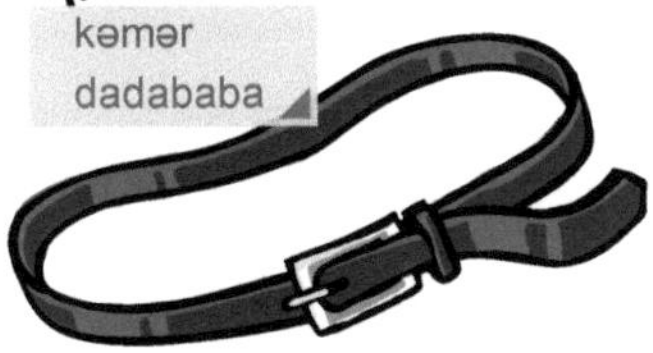

idman ayaqqabısı
ba

çəkmə
baba

şəpit
baba

sandallar
....
bababa

ayaqqabı
....
badada

rezin çəkmələr
....
dada

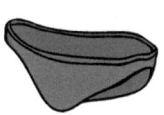

dizlik
....
ba

lifçik
....
baba

alt köynəyi
....
dadadada

alt paltarı

badada

şalvar

ba

cins

bababa

yubka

dada

bluza

bababa

köynək

dadadada

sviter

baba

başlıqlı idman gödəkçəsi

baba

gödəkçə

babadada

gödəkcə

baba

pencək

bababa

plaş

dadababa

kostyum

bababa

paltar

ba

gəlin paltarı

dadaba

kostyum
dadadada

gecə köynəyi
babababa

pijama
heia

sari
baba

hicab / eşarp
dadadada

çalma
dada

burka
dada

kaftan
baba

abaya
dadadada

çimərlik geyimi
wasa

tumuş
bababa

şort
dadababa

məşq kostyumu
babababa

önlük
baba

əlcək
babababa

düymə

dadaba

eynək

babadada

bilərzik

dada

boyunbağı

dadababa

üzük

bababa

sırğa

dadababa

papaq

dada

asılqan

babadada

papaq

dadababa

qalstuk

bababa

zəncirbənd

badada

dəbilqə

dadaba

aşırma

dada

məktəb uniforması

babadada

uniforma

bababababa

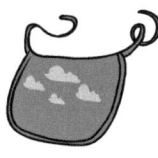

döşlük

namnam

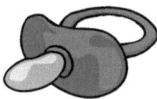

emzik

lula

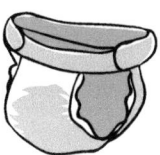

körpə bezi

kaka!

ofis

baba

server
dadaba
arxiv şkafı
dadababa
printer
badada
monitor
dadadada
kağız
dadadada
siçan
baba
iş masası
ba
qovluq
dadaba
klaviatura
dada
stul
bababa
zibil qutusu
babadada
kompyuter
dada

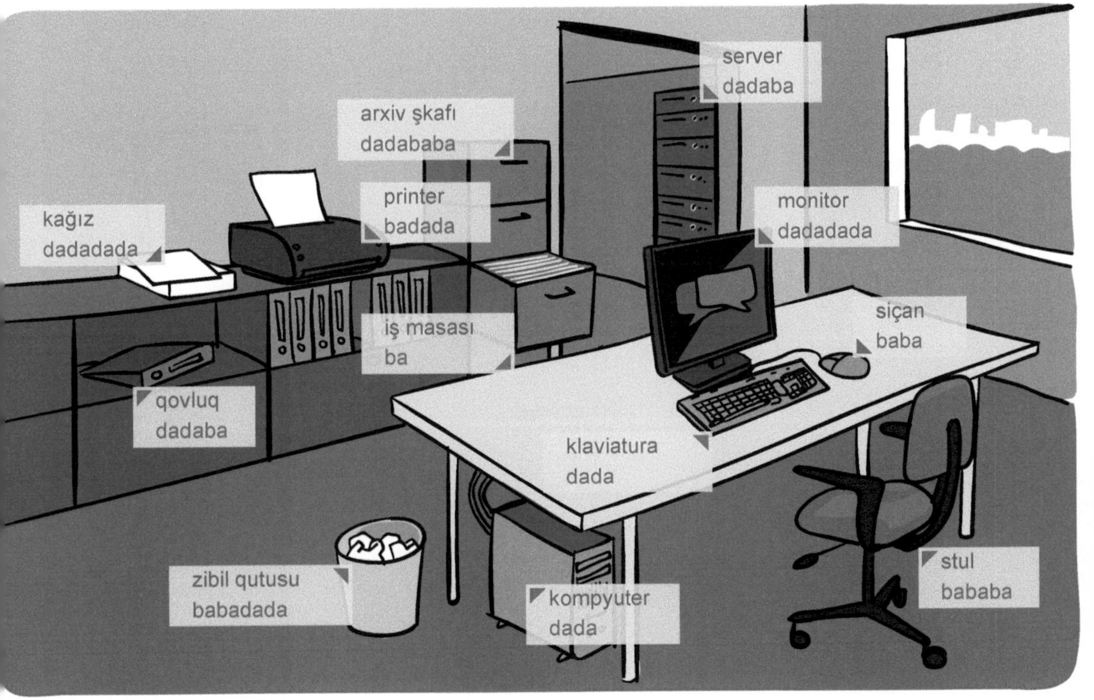

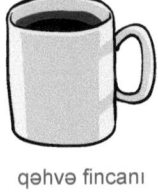

qəhvə fincanı

dada

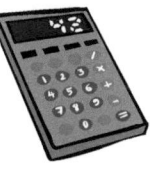

kalkulyator

bababa

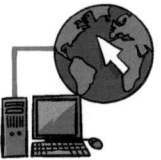

internet

da da

laptop

papa!

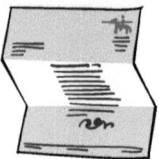

məktub

dadababa

mesaj

ba

mobil telefon

fon

şəbəkə

bababa

surətçıxaran maşın

ba

proqram təminatı

bababa

telefon

dada bing

ştepsel

aua!

faks

bababa

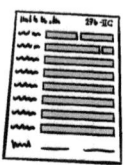

forma

dadaba

sənəd

bababa

satın almaq

baba

ödəmək

dadadada

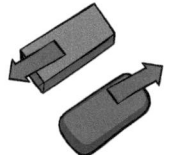

alverlə məşğul olmaq

dadaba

pul

badada

dollar

babadada

avro

dadaba

yen

bababa

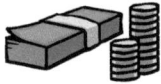

rubl

ba

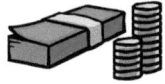

frank

dada

renminbi yuan

dada

rupi

ba

bankomat

ba

valyuta mübadiləsi
məntəqəsi
dadadada

qızıl
dadadada

gümüş
baba

neft
dadadada

enerji
ba

qiymət
dadadada

müqavilə
baba

vergi
bababa

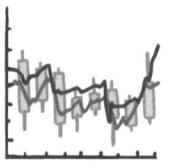

səhm
dadadada

işləmək
dadaba

işçi
dadadada

işəgötürən
dadababa

fabrik
dadaba

dükan
ba

polis əməkdaşı
baba

yanğınsöndürən
dada

aşbaz
babababa

həkim
aua!

pilot
bababa

bağban

bababa

dülgər

bababa

dərzi

baba

hakim

bababa

kimyaçı

dadaba

aktyor

dadababa

avtobus sürücüsü

ba

taksi sürücüsü

auto mann

balıqçı

bababa

xadimə

dadadada

dam işçisi

dadadada

ofisiant

dadadada

ovçu

badada

rəssam

dadadada

çörəkçi

dadababa

elektrik ustası

papa!

inşaat işçisi

babababa

mühəndis

bababa

qəssab

dadababa

santexnik

dadadada

poçtalyon

bababa

əsgər

dadadada

memar

ba

kassir

dadaba

gül-çiçək satıcısı

bababa

bərbər

babadada

konduktor

bababa

mexanik

dadaba

kapitan

dada

diş həkimi

badada

alim

ba

ravvin

bababa

imam

dadaba

rahib

dada

keşiş

dadadada

alətlər
dada

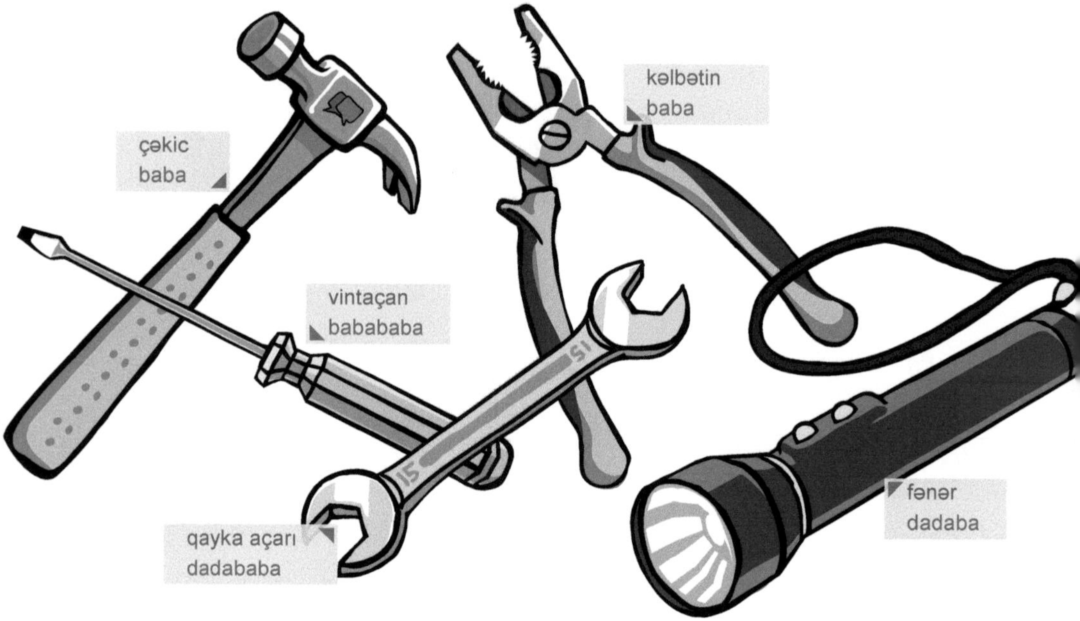
kəlbətin
baba
çəkic
baba
vintaçan
babababa
fənər
dadaba
qayka açarı
dadababa

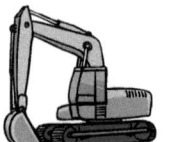

ekskavator

dadaba

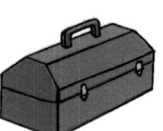

alətlər qutusu

baba

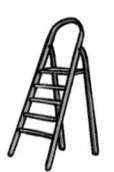

nərdivan

babababa

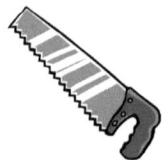

mişar

dadaba

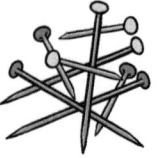

dırnaqlar

babadada

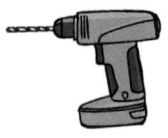

drel

dada

təmir etmək

dadababa

kürək

dada

Lənət olsun!

aua!

xəkəndaz

dada

boya vedrəsi

dadaba

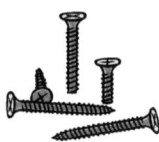

vintlər

babababa

musiqi alətləri
bababa

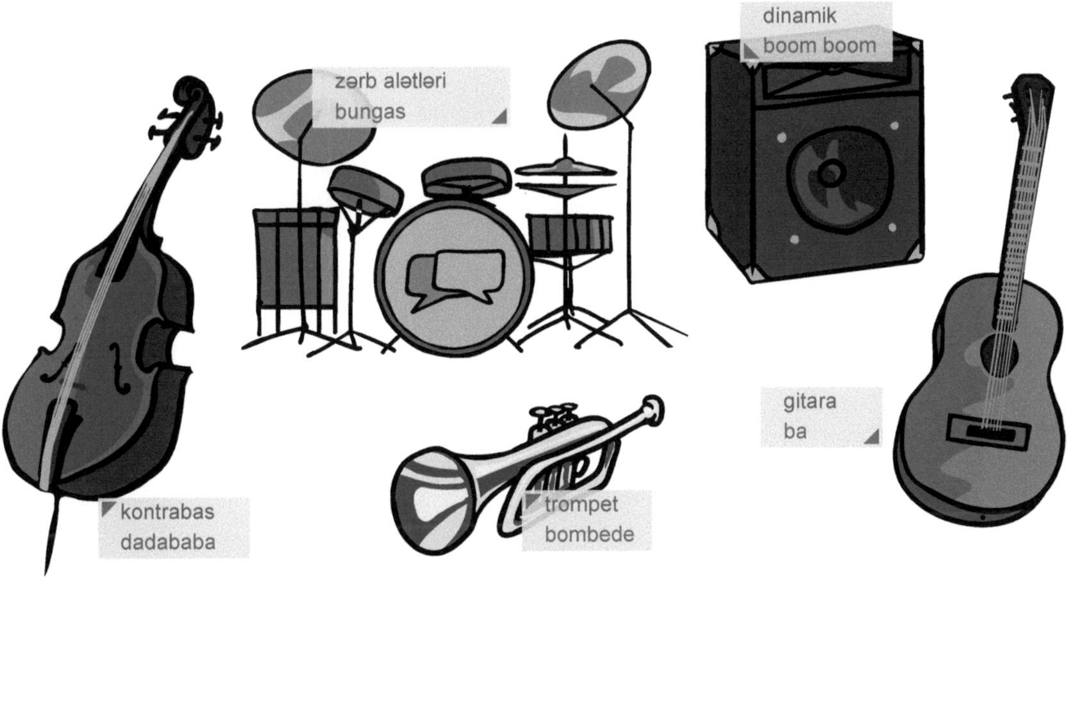

zərb alətləri
bungas

dinamik
boom boom

kontrabas
dadababa

trompet
bombede

gitara
ba

fortepiano

bingbing

skripka

bababa

bas

ba

timpani

badada

nağara

bunga bunga

sintezator

badada

saksafon

dadababa

fleyta

dadababa

mikrofon

dadadada

zoopark
bababa

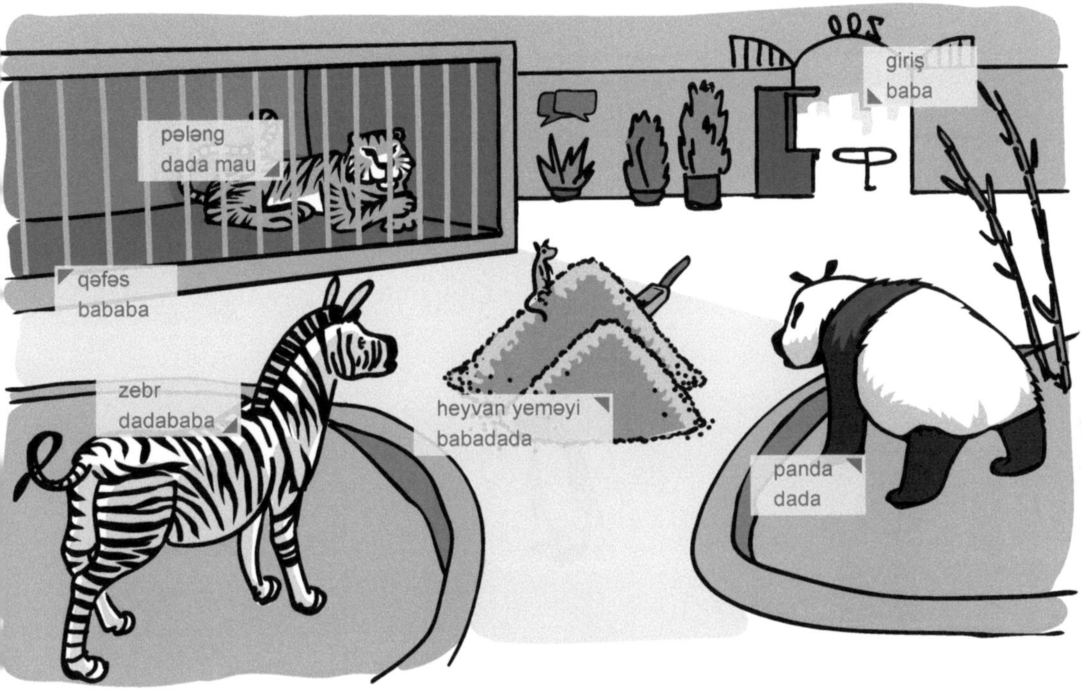
giriş
baba
pələng
dada mau
qəfəs
bababa
zebr
dadababa
heyvan yeməyi
babadada
panda
dada

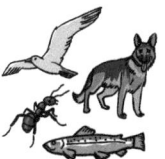

heyvanlar

dadadada

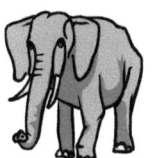

fil

bababa

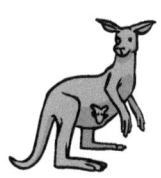

kenquru

dadaba

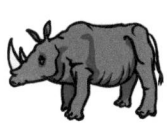

kərgədan

babadada

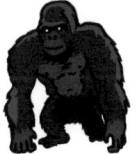

qorilla

dada

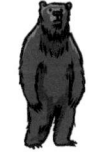

ayı

babababa

dəvə

dadaba

dəvəquşu

gackgack

aslan

babadada

meymun

dadaba

flamingo

gackgack

tutuquşu

bababa

qütb ayısı

bababa

pinqvin

dada

köpəkbalığı

bababa

tovuz

dadaba

ilan

badada

timsah

babababa

zoopark işçisi

dadadada

suiti

dada

yaquar

bababa

poni

ei!

bəbir

dadadada

hippopotam

dada

zürafə

bababababa

qartal

bababa

qaban

babadada

balıq

nom nom!

tısbağa

dadadada

morj

anje

tülkü

dadadada

ceyran

bababa

amerikan futbolu
dadababa

velosiped sürmək
dadaba

tennis
bum bum

basketbol
ball

üzgüçülük
badada

boks
aua!

buz xokkeyi
baba

futbol
dadadada

badminton
badada

yüngül atletika
dadababa

həndbol
ball

xizək
dadadada

polo
baba

fəaliyyət
dadadada

gülmək
baba
tullanmaq
dada
qucaqlaşmaq
bababa
getmək
dada
oxumaq
dadababa
yuxu qörmək
dadababa
dua etmək
dadadada
öpüşmək
mama!

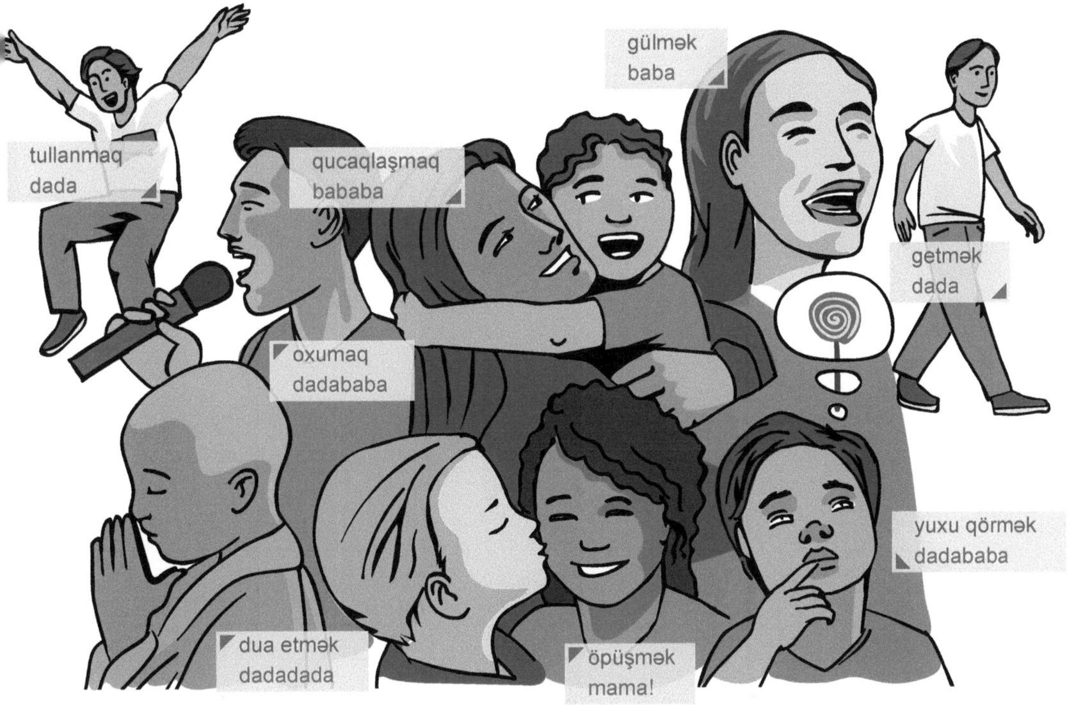

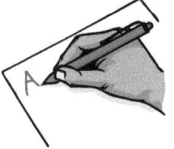

yazmaq

dadaba

çəkmək

dada

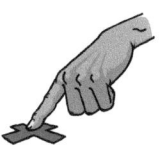

göstərmək

dadababa

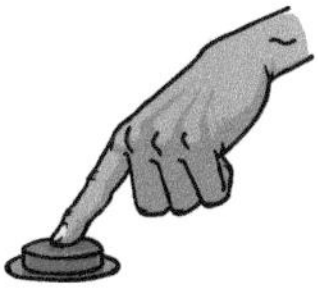

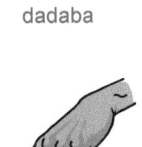

itələmək

dada

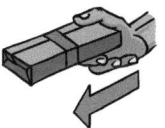

vermək

badada

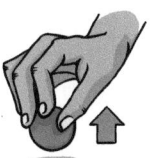

götürmək

dadaba

sahibi olmaq
dadaba

etmək
dadadada

olmaq
babadada

durmaq
dadadada

qaçmaq
baba

çəkmək
dadababa

atmaq
dadadada

düşmək
dadaba

uzanmaq
badada

gözləmək
dadaba

daşımaq
bababa

oturmaq
ba

geyinmək
dadababa

yatmaq
heia!

ayılmaq
bababa

baxmaq

bababab a

ağlamaq

baaaaaa

sığallamaq

dadadada

daramaq

bababa

danışmaq

bababa

anlamaq

baba

soruşmaq

badada

dinləmək

dadababa

içmək

bababa

yemək

nomnom!

təmizləmək

badada

sevmək

ba

bişirmək

badada

sürmək

dadababa

uçmaq

dadadada

fəaliyyət - dadadada

üzmək

dadababa

hesablamaq

dadababa

oxumaq

dadadada

öyrənmək

dadababa

işləmək

dadaba

evlənmək

baba

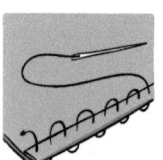

tikmək

dada

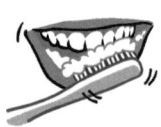

dişləri təmizləmək

aua!

öldürmək

aua!

siqaret çəkmək

dadababa

göndərmək

babababa

nənə
oma!

baba
opa!

ata
papa!

ana
mama!

körpə
bebi

qız
ba

oğul
badada

qonaq
baba

xala/bibi
ba

əmi/dayı
bababa

qardaş
nein!

bacı
nein!

bədən

dadababa

alın
bababa
göz
dada
çiyin
bababa
barmaq
dada
üz
dada
buxaq
dadababa
əl
baba
döş
da
ayaq
dadaba
qol
bababa

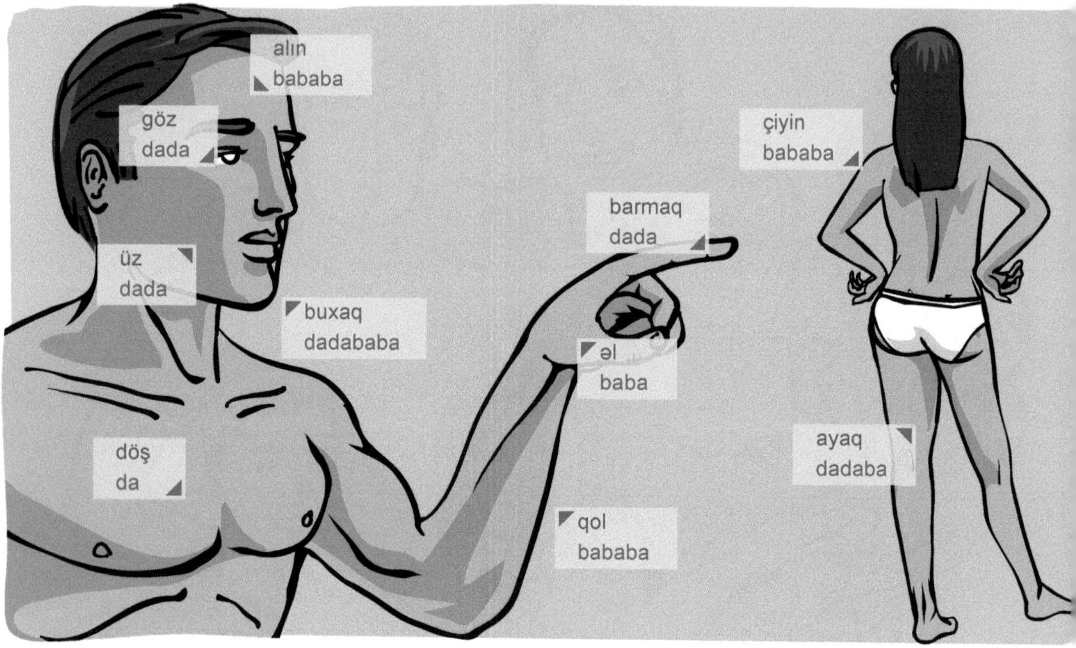

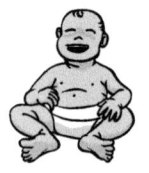

körpə

bebi

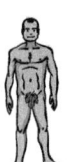

kişi

papa!

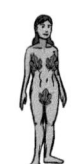

qadın

mama

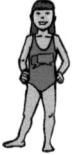

qız

baba

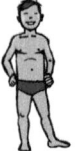

oğlan

babadada

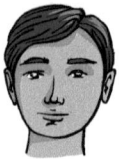

baş

bababa

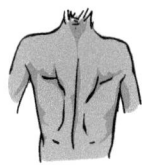

bel
baba

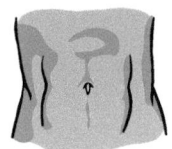

qarın
dadababa

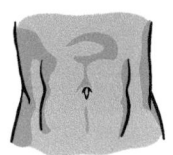

göbək
dada

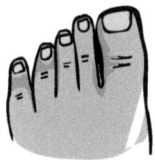

ayaq barmağı
dadababa

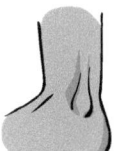

daban
ba

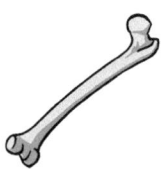

sümük
badada

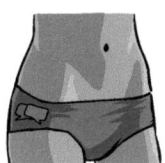

bud
bababa

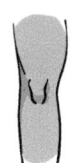

diz
dada

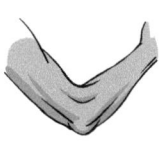

dirsək
dadadada

burun
bababa

sağrı
popo

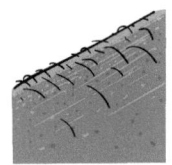

dəri
dadaba

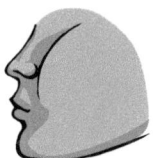

yanaq
badada

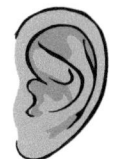

qulaq
dada

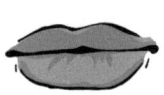

dodaq
bababababa

ağız

dadababa

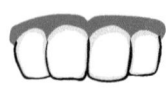

diş

dadadada

dil

baba

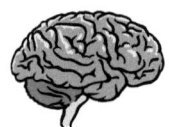

beyin

dadadada

ürək

baba

əzələ

dada

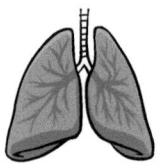

ağciyər

dada

qaraciyər

dada

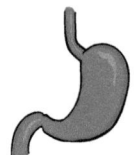

mədə

dadababa

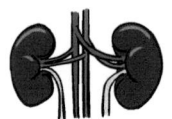

böyrəklər

dadaba

cinsi yaxınlıq

babadada

kondom

dada

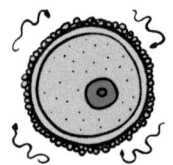

qadın cinsi hüceyrə

badada

sperma

dadababa

hamiləlik

dadababa

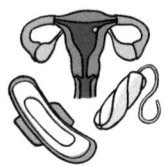

aybaşı
ba

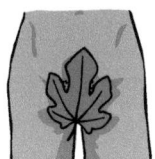

vagina
mumu

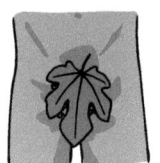

penis
pipi

qaş
dada

saç
dadababa

boyun
bababa

xəstəxana
aua!

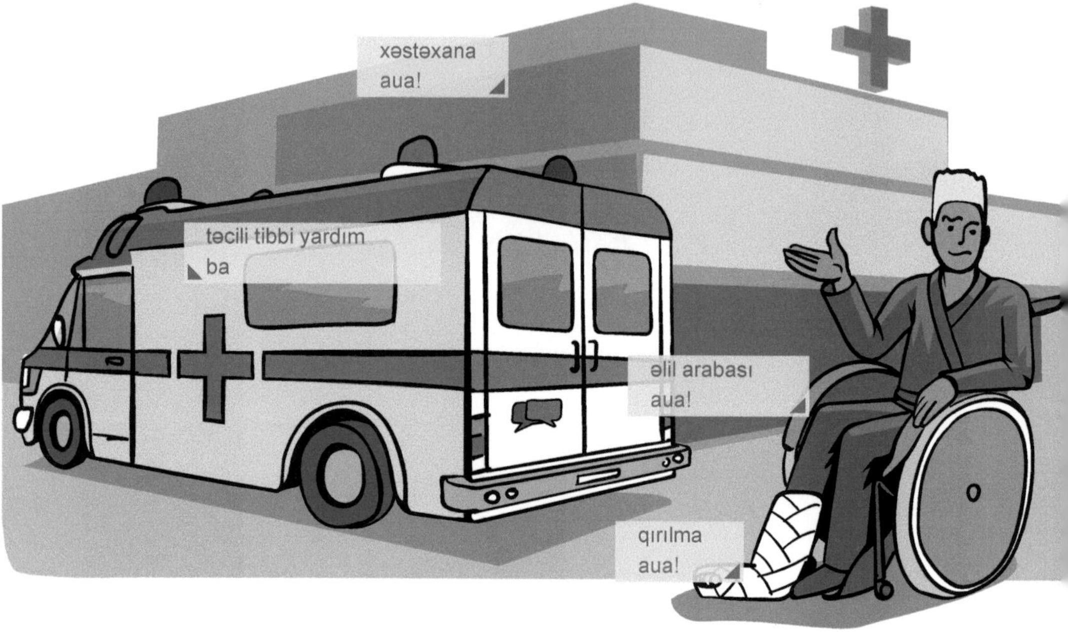

təcili tibbi yardım
ba

əlil arabası
aua!

qırılma
aua!

həkim

aua!

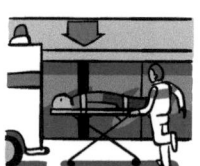

reanimasiya şöbəsi

aua!

tibb bacısı

aua!

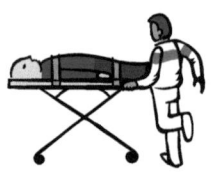

fövqəladə hallar

aua!

huşunu itirmiş

aua!

ağrı

dadababa

zədə
....
aua!

qanaxma
....
dadadada

infarkt
....
aua!

insult
....
aua!

allergiya
....
dadababa

öskürək
....
aua!

qızdırma
....
aua!

qrip
....
aua!

ishal
....
aua!

başağrısı
....
aua!

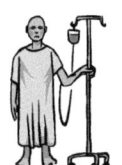

xərçəng
....
aua!

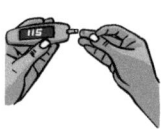

şəkərli diabet
....
aua!

cərrah
....
aua!

neştər
....
aua!

əməliyyat
....
aua!

xəstəxana - aua!

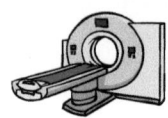

CT

aua!

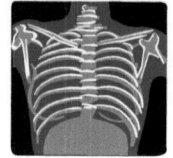

rentgen

aua!

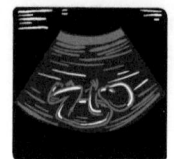

ultrasəs

aua!

maska

aua!

xəstəlik

aua!

gözləmə otağı

aua!

qoltuqağacı

aua!

plaster

aua!

sarğı

dadababa

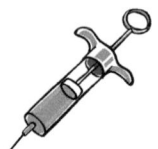

inyeksiya

aua!

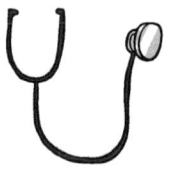

steteskop

aua!

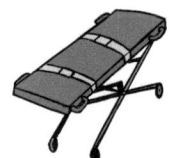

xərək

aua!

hərarətölçən

aua!

doğum

aua! bebi!

çəki artıqlığı

aua!

eşitmə aparatı
....
aua!

dezinfeksiyaedici
....
aua!

infeksiya
....
aua!

virus
....
aua!

QİÇS
....
aua!

tibb
....
aua!

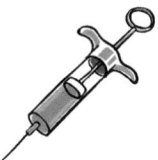

peyvənd
....
aua!

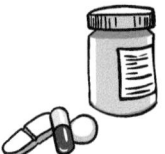

həblər
....
aua!

həb
....
dadaba

təcili zəng
....
aua!

qan təzyiqini ölçmək üçün
cihaz
....
aua!

xəstə / sağlam
....
da / ba

Kömək edin!
aua!

həyəcan siqnalı
aua!

basqın
aua!

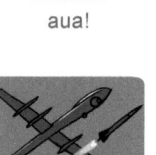

hücum
aua!

təhlükə
aua!

ehtiyat çıxışı
dadadada

Yanğın!
dadaba

odsöndürən
dadaba

qəza
aua! aua!

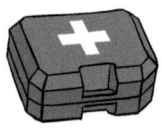

ilkin yardım qutus
aua!

SOS
baba

polis
dadadada

Avropa

badada

Şimali Amerika

dadaba

Cənubi Amerika

dadababa

Afrika

dadaba

Asiya

dadaba

Avstraliya

babababa

Atlantik

badada

Sakit Okean

dadaba

Hind okeanı

baba

Antarktika Okeanı

bababa

Şimal Buzlu okeanı

dadababa

Şimal qütbü

bababa

Cənub qütbü
dadababa

Antarktika
dadaba

Yer kürəsi
dada

ölkə
dadaba

dəniz
badada

ada
dadadada

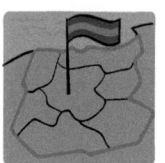

millət
dadadada

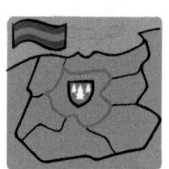

dövlət
dadababa

siferblat

baba

saat əqrəbi

babadada

dəqiqə əqrəbi

baba

saniyə əqrəbi

bababa

Saat neçədir?

dadababa

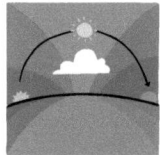

gün

babadada

vaxt

dada

indi

baba

rəqəmsal saat

dadababa

dəqiqə

dadababa

saat

bababa

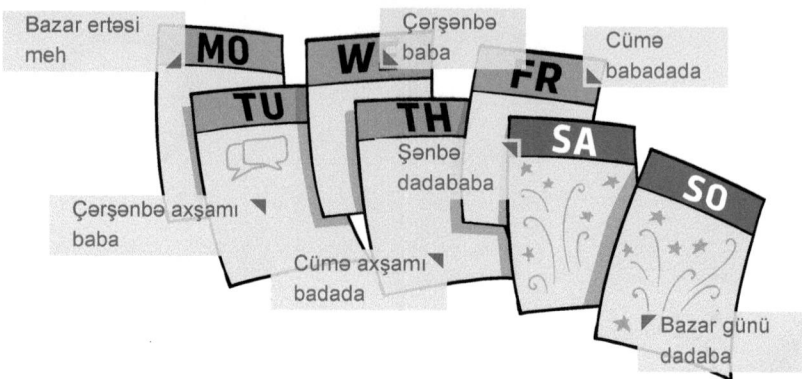

Bazar ertəsi meh

Çərşənbə baba

Cümə babadada

Çərşənbə axşamı baba

Şənbə dadababa

Cümə axşamı badada

Bazar günü dadaba

dünən

dadadada

bugün

dadababa

sabah

dadaba

səhər

baba

günorta

baba

axşam

dadadada

MO	TU	WE	TH	FR	SA	SU
1	2	3	4	5	6	7
8	9	10	11	12	13	14
15	16	17	18	19	20	21
22	23	24	25	26	27	28
29	30	31	1	2	3	4

iş günü

dada

MO	TU	WE	TH	FR	SA	SU
1	2	3	4	5	6	7
8	9	10	11	12	13	14
15	16	17	18	19	20	21
22	23	24	25	26	27	28
29	30	31	1	2	3	4

həftə sonu

baba

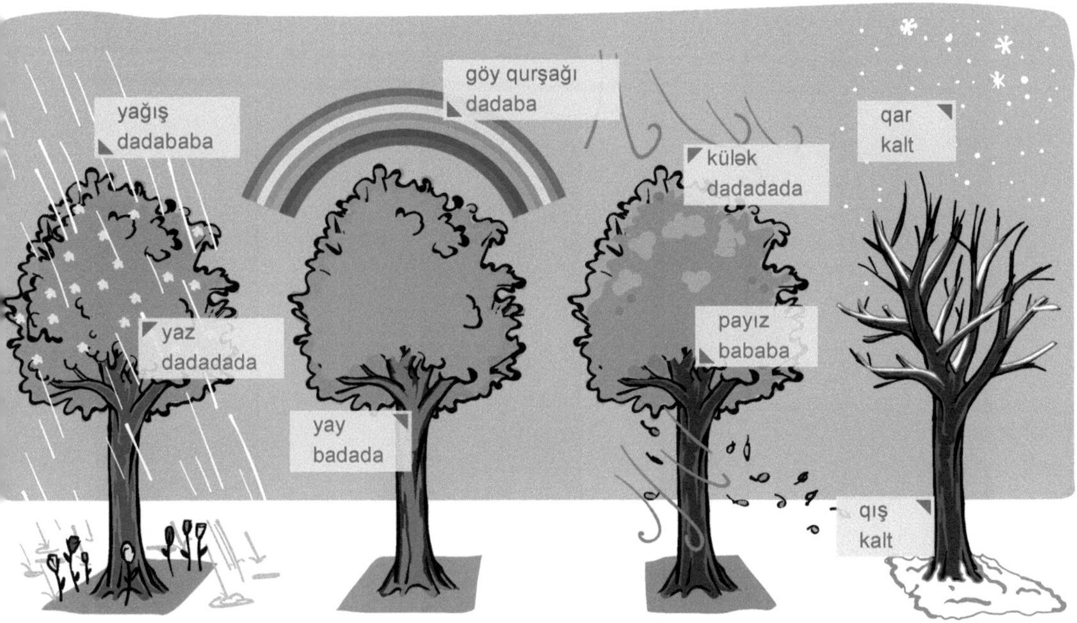

yağış
dadababa

göy qurşağı
dadaba

külək
dadadada

qar
kalt

yaz
dadadada

yay
badada

payız
bababa

qış
kalt

hava proqnozu
dadababa

termometr
bababa

güneş işığı
ba

bulud
baba

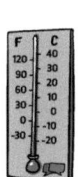

duman
dadadada

rütubet
dada

ildırım

dadababa

göy gurultusu

dada

fırtına

badada

dolu

dadababa

musson

bababa

daşqın

dadaba

buz

dadadada

yanvar

dadaba

fevral

dadaba

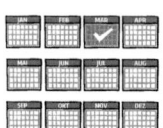

mart

bababa

aprel

dadadada

may

dadadada

iyun

bababababa

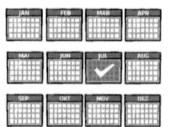

iyul

baba

avqust

bababa

sentyabr
dadadada

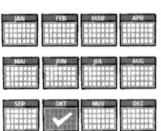

oktyabr
badada

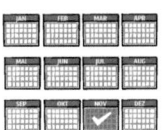

noyabr
dadababa

dekabr
baba

dairə
baba

kvadrat
badada

düzbucaqlı
dadababa

üçbucaq
babababa

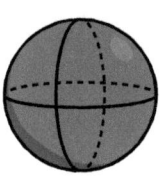

kürə
dadadada

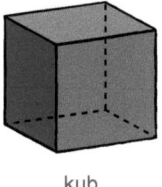

kub
babababa

dadababa

ağ
....
dadababa

sarı
....
babababa

narıncı
....
baba

çəhrayı
....
dadadada

qırmızı
....
babadada

bənövşəyi
....
dadababa

mavi
....
dadadada

yaşıl
....
ba

palıdı
....
baba

boz
....
bababa

qara
....
badada

çox / az

da / ba

qeyzli / sakit

da / ba

yaraşıqlı / eybəcər

da / ba

başlanğıc / son

da / ba

böyük / kiçik

da / ba

işıqlı / qaranlıq

da / ba

qardaş / bacı

da / ba

təmiz / kirli

da / ba

tam / natamam

da / bada

gündüz / gecə

da / ba

ölü / diri

da / ba

geniş / dar

da / ba

yemeli / yeyilməyən

da / ba

hirsli / mehriban

da / ba

həyəcanlı / bezmiş

ba / ba

kök / arıq

da / ba

ilk / son

ba / ba

dost / düşmən

da / bada

dolu / boş

da / ba

sərt / yumşaq

da / ba

ağır / yüngül

da / ba

aclıq / susuzluq

da / bada

xəstə / sağlam

da / ba

qanunsuz / qanuni

da / ba

ağıllı / axmaq

da / ba

sol / sağ

ba / ba

yaxın / uzaq

da / ba

əksinə - dadadada

yeni / istifadə edilmiş

da / bada

heç bir şey / bir şey

da / ba

qoca / gənc

ba / ba

açma / bağlama

da / ba

açıq / bağlı

da / ba

sakit/ bərk

da / ba

varlı / kasıb

ba / ba

düzgün / səhv

da / ba

kobud / hamar

da / ba

kədərli / xoşbəxt

ba / ba

qısa / uzun

da / ba

yavaş / sürətli

da / ba

yaş / quru

da / bada

isti / sərin

da / bada

müharibə / sülh

da / ba

əksinə - dadadada

87

0

sıfır

dada

1

bir

a

2

iki

ba

3

üç

da ba da

4

dörd

badabada

5

beş

dadababa

6

altı

dadaba

7

yeddi

badada

8

səkkiz

dadababa

9

doqquz

dadaba

10

on

dadadada

11

on bir

badada

12

on iki

baba

13

on üç

bababa

14

on dörd

baba

15

on beş

babadada

16

on altı

dadababa

17

on yeddi

babababa

18

on səkkiz

dadababa

19

on doqquz

bababa

20

iyirmi

dadababa

100

yüz

baba

1.000

min

baba

1.000.000

milyon

dadababa

İngilis dili

baba

İngilis dilinin amerikan variantı

babadada

Çin dilinin Mandarin dialekti

dadababa

Hind dili

ba

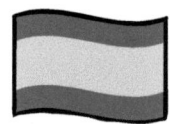

İspan dili

badada

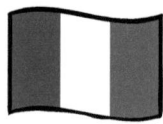

Fransız dili

ohlala

Ərəb dili

babadada

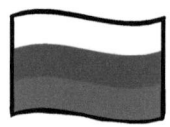

Rus dili

dadaba

Portuqal dili

dada

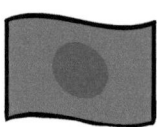

Benqal dili

dadadada

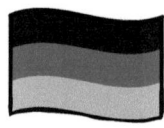

Alman dili

badada

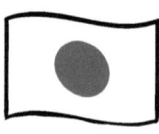

Yapon dili

dadadada

mən

a

sən

dadadada

o / o / o

da / da / da

biz

o ba ma

siz

babababa

onlar

baba

kim?

dadadada

nə?

dadadada

necə?

baba

harada?

babababa

nə zaman?

babadada

ad

dadaba

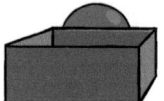

arxadan

baba

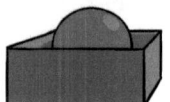

içində

dadaba

qarşısında

baba

üzərində

ba

dair

baba

altında

dadababa

yanaşı

babababa

arasında

ba

yer

dada